Küssen nicht erlaubt

Eine Geschichte von Petra Mönter
Mit Bildern von Barbara Korthues

KeRLE
Freiburg · Wien · Basel

Lena und ihre Eltern wohnen in einem kleinen Haus am Rande der Stadt. Das Haus ist sehr gemütlich und die Familie bekommt viel Besuch. **Lena** hat das gar nicht so gern, denn alle wollen sie zur Begrüßung auf den Schoß nehmen und küssen.

Lena kann das Geküsse überhaupt nicht leiden. Irgendwie fühlt es sich immer so schmatzig und glibberig an. Zum Beispiel montags. Da kommt oft **Tante Olga**. Ihre Küsse findet **Lena** am schlimmsten.

Tante Olga riecht
nämlich aus dem Mund.
Sie isst Knoblauch für ihr
Leben gern.

Am Dienstag kommt
manchmal Onkel Erwin.
Wenn der Lena ein Küsschen
geben will …

... dann fühlt sich das

an wie Schmirgelpapier.

Er ist so kratzig, weil er sich

immer schlecht rasiert.

Am Mittwoch kommt **Oma Perle**
zu Besuch. Sie trägt Berge von
Modeschmuck und riecht
durchdringend nach Parfüm –
als hätte sie darin gebadet.
Lena findet, dass
das Parfüm stinkt.

Deshalb hält sie bei

Oma Perles Küssen

immer die Luft an.

Manchmal dauern die

Schmatzer so lange, dass

Lena rot anläuft.

Am Donnerstag kommt **Opa Piefke**.
Seine Kleider stinken sehr nach Tabak,
denn **Opa Piefke** raucht immer Zigarren.
Ein bisschen gruselt sich
Lena auch vor seinen
gelben Zähnen.

Am Freitag kommt gelegentlich die Nachbarin nach dem Joggen auf ein Glas Gemüsesaft vorbei. Ihr T-Shirt ist dann durchgeschwitzt und nass. Wenn sie Lena an sich drückt, wird meistens auch Lenas T-Shirt feucht. Außerdem riecht es ziemlich unangenehm. Lena würde der Nachbarin gern empfehlen,
ein besseres Deo
zu benutzen.

Nachts hat **Lena** manchmal fürchterliche Albträume. Sie wacht in Schweiß gebadet auf. So kann es nicht weitergehen. Langsam muss sie sich etwas einfallen lassen.

An diesem Samstag feiert Papa seinen Geburtstag und alle sind eingeladen. **Lena** bleibt in ihrem Zimmer. Mama ruft die Treppe hinauf: „**Leeena**, sag mal Guten Tag zu unseren Gästen!"

„Wo ist meine kleine süße **Lena**?", hört **Lena** **Tante Olga** fragen und da kommt **Lena** plötzlich die rettende Idee: Elefanten sind groß und stark und haben riesige Stoßzähne. Kein Mensch küsst einen Elefanten!

Da wächst **Lena** ein riesiger Rüssel im Gesicht, sie wird dick und groß, runzelig und grau und ist ... ein Elefant!

Lena trampelt die Treppe hinunter. Niemand findet sie jetzt niedlich! Niemand will sie auf den Schoß ziehen und küssen. Stattdessen gibt es ...

... ein fürchterliches Durcheinander!

Lena trötet fröhlich in die Runde: „Hallo! Ich bin es doch, eure **Lena**!“

Mama und Papa sind fassungslos. Aber **Lena** fühlt sich stark: „Jetzt ist wirklich Schluss mit der Knutscherei. Ich kann das überhaupt nicht leiden. Wenn ihr mir das nicht versprecht, dann zeige ich euch, wie das ist, von einem Stärkeren geküsst zu werden.“

Da ist es plötzlich ganz still.

Tante Olga fasst sich als Erste: „Aber Kind, wir wussten doch gar nicht, dass du nicht geküsst werden möchtest! Wenn du das nicht willst, dann werden wir dich nie wieder auf den Schoß nehmen und küssen, ohne dich zu fragen!"

Alle Erwachsenen stimmen **Tante Olga** feierlich zu. Da wird **Lena** wieder **Lena**: Der Rüssel verschwindet, sie wird rosa und glatt, klein und dünn – und ist wieder da!

Seit diesem Tag fühlt sich Lena meistens elefantenstark, wenn sie etwas nicht will – und kann auch manchmal NEIN sagen –, auch wenn sich viele Erwachsene erst einmal daran gewöhnen müssen.

Küssen
nicht
erlaubt!

in der Verlag Herder GmbH, Freiburg im Breisgau 2011

www.kerle.de
Verlag Herder GmbH, D-79080 Freiburg

Umschlaggestaltung: ReclameBüro, München
Satz: Uwe Stohrer, Freiburg
Herstellung: Himmer, Augsburg
Gedruckt auf umweltfreundlichem, chlorfrei gebleichtem Papier
Printed in Germany
ISBN 978-3-451-71062-9